SABES
que eres GAY
cuando...

SABES
que eres GAY
cuando...

**ESOS INOLVIDABLES MOMENTOS
QUE NOS HACEN COMO SOMOS**

Joseph Cohen

KÖNEMANN

© 1995 Joseph Cohen
Producido por Fresh Ideas Daily
Publicado por Contemporary Books, Inc.
Two Prudential Plaza, Chicago, Illinois 60601-6790, USA

Diseño interior y de cubierta: Tom Dolle
Ilustración de la cubierta: Mary Sexton
Fotografías: Bettmann: págs. 19, 36, 52, 58–59, 67, 85, 86, 102; Gregg Chicorelli: pág. 44; Christopher & Castro: pág. 101; John DiGennaro: págs. 17, 29, 50–51, 90; Index Stock Photography: página opuesta a la 1, págs. 24, 34–35, 42, 49, 77, 87, 88, 97, contraportada; Russell Maynor: págs. 3, 33, 72, 79, 91; Gay Men's Health Crisis, Inc./Peter Schaaf: pág. 64.
Ken es un producto de la marca registrada Mattel, Inc.

Nota: todas las fotografías de este libro se utilizan con la única intención de divertir al lector. La aparición en dichas fotos de modelos masculinos o femeninos no indica en absoluto su orientación sexual.

Título original: *You know you're gay when...*

© 1999 de la edición española:
Könemann Verlagsgesellschaft mbH,
Bonner Straße 126, D-50968 Colonia

Redacción y maquetación:
Equipo de Edición S.L., Barcelona
Traducción del inglés: Diego Blasco
para Equipo de Edición S.L., Barcelona
Adaptación del texto: Júlia Ojuel
Director de producción: Detlev Schaper
Impresión y encuadernación: Sing Cheong Printing Co., Ltd.

Impreso en Hong Kong, China

ISBN 3-8290-3448-2
10 9 8 7 6 5 4 3 2 1

Para Miriam,
la madre que a todo el mundo le hubiera gustado tener.

Para John,
que llenó este libro de amor.

**muselina
+ raso**
───────────
¡UNA MONADA!

SABES SIN LUGAR A DUDAS QUE VAS A SER GAY CUANDO

tu maestra de la escuela
te pide consejos de decoración.

SABES QUE ERES GAY CUANDO
todavía notas un cosquilleo en el estómago
al recordar las clases de gimnasia en el cole.

SABES QUE ERES GAY CUANDO
al ver una película del oeste te identificas
más con Dolly Parton que con el protagonista.

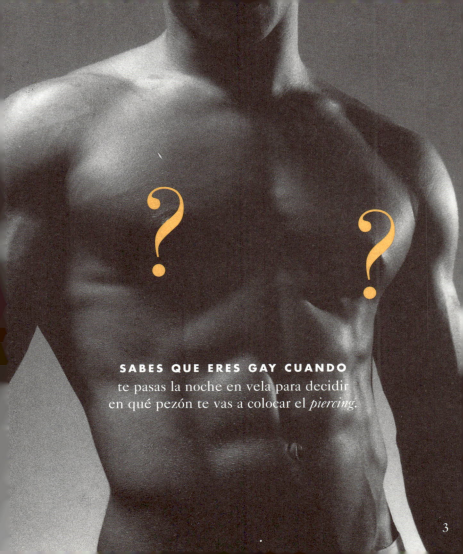

SABES QUE ERES GAY CUANDO...

tu mesita de noche tiene
más velas que una procesión
de Semana Santa.

los testigos de Jehová
llaman a todos los timbres
menos al tuyo.

lo más cerca que has estado
del agua bendita fue en
tu bautizo.

SABES QUE ERES GAY CUANDO

pegas un chillido

faaab

ulosooo!

por primera vez.

SABES QUE REALMENTE ERES

recuerdas la fecha exacta del debut
de la Caballé en el Liceu.

te puedes pasar horas en el mercadillo buscando
unas cucharillas de postre *absolutamente divinas*.

sientes una necesidad irrefrenable
de cantar "I feel pretty".

GAY CUANDO...

te das cuenta de que lo que más te gusta
del fútbol americano son algunas de las
posturas de los jugadores.

SABES QUE ERES GAY CUANDO
recuerdas la lista de los maridos de
Liz Taylor mejor que ella misma.

SABES QUE ERES GAY CUANDO
te das cuenta de que todavía estás
traumatizado por la muerte
de la madre de Bambi.

SABES QUE ERES GAY CUANDO
eres capaz de memorizar el nombre de los
hombres más sexys de las últimas décadas.

SABES QUE ERES GAY CUANDO
eres capaz de identificar a un chico de
tu gimnasio a treinta metros de distancia.

**SABES QUE ERES
GAY CUANDO**

la última vez que viste
unas bolas peludas fue
en una pista de tenis.

SABES QUE ERES GAY CUANDO
por fin, un tío te tiene en sus brazos.

SABES QUE ERES GAY CUANDO
descubres el dolor y el placer
del roce de una barba.

SABES QUE ERES GAY CUANDO
él te envía dos docenas de tulipanes y
un poema (*en francés*) al día siguiente.

SABES QUE ERES GAY CUANDO

*no puedes esperar
a hacerlo de nuevo*

Sabes que eres gay cuando

tu primer osito de peluche
te lo ha regalado un amigo.

SABES QUE ES
LA MEJOR
PARA SER GAY CUANDO...

el presidente de gobierno menciona la palabra "gay" en su discurso inaugural.

el *Queen Elizabeth II* zarpa con una carga de reinas.

el preservativo ha dejado de ser tabú.

hay anuncios de ropa interior masculina *por todos lados*.

ÉPOCA

los principales actores de Hollywood se pirran por interpretar a un homosexual.

SABES QUE ERES GAY CUANDO
aún siendo un alto ejecutivo,
no puedes poner la foto de tu novio
en la mesa de tu despacho.

SABES QUE ERES GAY CUANDO
en el restaurante, mientras las parejas
heterosexuales se besuquean, tú debes
conformarte con breves caricias bajo la mesa.

SABES QUE ERES GAY CUANDO
descubres que la vida no siempre es justa.

SABES QUE ERES

adoras

- ✓ Cualquier prenda de Benetton
- ✓ El paté casero
- ✓ La crema Ponds "belleza en siete días"
- ✓ Sobreactuar
- ✓ Los pechos peludos
- ✓ Cada momento Speedo de las competiciones de salto de trampolín
- ✓ Llevar saltos de cama y realizar saltos en la cama
- ✓ El Cirque du Soleil
- ✓ Explorar cada rincón del cuerpo de tu compañer
- ✓ Contar a todos que has estado en San Francisco

GAY CUANDO Odias

- Cualquier prenda del Sepu
- Las sardinas
- La vaselina para manos
- Sobreactuar
- Las espaldas peludas
- Cuando los jugadores de fútbol se rascan la ingle
- Hacer la cama
- El circo
- Compartir su cepillo de dientes
- Recibir la factura de la tarjeta de crédito

SABES QUE TODA LA VIDA

descubres lo caro que resulta enviar
a un hijo a la universidad.

SERÁS GAY CUANDO...

te das cuenta del mal gusto que tienen
la mayoría de "heteros" al decorar.

te encuentras, casi sin saber cómo, en
el departamento de muebles de Pryca.

coincides con miembros de la asociación
Pro-Vida durante el viaje a la Feria de Sevilla.

SABES QUE ERES GAY CUANDO
tu perrito se llama Sultán.

SABES QUE ERES GAY CUANDO
tu gata se llama Dana.

SABES QUE ERES GAY CUANDO
tus pececitos "de oro"
se llaman...

Blanche

Dorothy

Rose

Sophia

SABES SEGURO QUE VAS A SER GAY CUANDO...

te das cuenta de que tu primer juego
de construcción es una casita de muñecas.

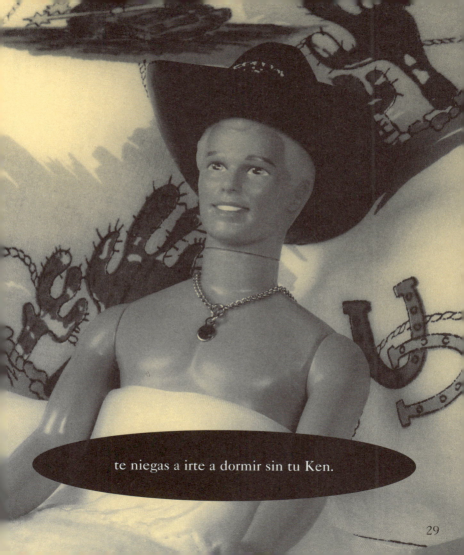
te niegas a irte a dormir sin tu Ken.

SABES QUE ERES GAY CUANDO NI EN

llegar puntual a una fiesta.

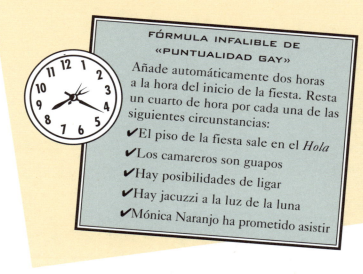

FÓRMULA INFALIBLE DE «PUNTUALIDAD GAY»

Añade automáticamente dos horas a la hora del inicio de la fiesta. Resta un cuarto de hora por cada una de las siguientes circunstancias:

✔ El piso de la fiesta sale en el *Hola*
✔ Los camareros son guapos
✔ Hay posibilidades de ligar
✔ Hay jacuzzi a la luz de la luna
✔ Mónica Naranjo ha prometido asistir

UN MILLÓN DE AÑOS

TE ATREVERÍAS A

pasearte por el vestuario llevando
unos calzoncillos Abanderado.

llevar pantunflas de cuadros
delante de tus amigos.

hacerte una foto de pasaporte sin llevar
algo completamente atemporal.

admitir que tu paté de hígado
sabe demasiado a hígado.

dejar un ejemplar del *Reader's Digest*
en tu mesita de noche.

SABES QUE ERES GAY CUANDO TIENES LOS SUEÑOS MÁS FANTÁSTICOS SOBRE...

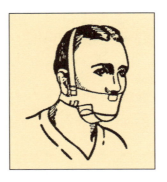

estar secuestrado y amordazado
en una fábrica de salchichas.

quedarse atrapado en un ascensor
con Miguel Bosé e Isabel Pantoja.

las increíbles rebajas de
los artículos Calvin Klein.

axilas, axilas y más axilas.

SABES QUE ERES GAY CUANDO
suspiras profundamente y estampas tu firma
junto a la suya en un contrato de alquiler.

SABES QUE ERES GAY CUANDO
tu tía te pregunta dónde
os habéis empadronado.

SABES QUE ERES GAY CUANDO
la vendedora de la tienda de colchones
os mira de una forma extraña.

SABES QUE ERES GAY CUANDO
tienes tu primera discusión sobre
la longitud de la cortina del dormitorio.

Sabes que eres gay cuando

admites que darías lo que fuese por interpretar a Norma Desmond.

SABES QUE ERES GAY CUANDO
cambias una esposa, dos niños y una
magnífica casa en una zona residencial
por un estudio modesto, el sentimiento
de culpa, noches solitarias,
besos extraños, pero también...
una vida honesta y llena de amor.

SABES QUE ERES GAY CUANDO
sabes tanto de diseño de interiores
como el mejor profesional.

SABES QUE ERES GAY CUANDO
te das cuenta de que todos los colores
de tu casa son llamativos, fucsia,
verde, rojo, amarillo...

SABES QUE ERES GAY CUANDO
medio mundo ya ha visto
tus trabajos de macramé.

SABES QUE ERES GAY CUANDO
te pones a peinar los flecos
de la alfombra persa del comedor.

Sabes que eres gay cuando
tu indudable buen gusto
se convierte en un coñazo
para todo el mundo.

SABES QUE

eres gay cuando

comienzas a gastar más
en flores que en comida.

Sabes que eres gay cuando te gusta hacer el amor...

con las cortinas abiertas justo lo necesario
para que tu vecino se alegre de haber
renovado su contrato de alquiler.

después de una dura excursión en bicicleta
y completamente empapado de sudor.

atado con pañuelos de seda
a la cabecera de una cama antigua.

delante del espejo, tú sólo,
con tu piel bronceada y un bolero
sonando en tu aparato de música.

los tíos que hacen el amor
con las botas puestas.

SABES QUE ERES GAY CUANDO

los cuerpos sudados de los obreros
que trabajan enfrente de tu edificio.

los espejos que te hacen
más delgado y esbelto.

los pantalones
ajustadísimos.

los candelabros en el cuarto de baño.

te ponen a cien

los tatuajes en el cuerpo.

las sábanas de seda.

los chicos con una habilidad especial para los trabajos manuales.

SABES QUE ERES GAY CUANDO
descubres que una de tus grandes ilusiones
es vestirte con un traje del Emperador chino.

SABES QUE ERES GAY CUANDO
te interesa más el Castro de San Francisco
que "el de la Habana".

SABES QUE ERES GAY CUANDO
lo que más te gusta de un partido
de baloncesto es ver como la meten
sin tocar el aro.

SABES QUE ERES GAY CUANDO
te recortas el vello púbico
antes de ir al médico.

SABES QUE ERES GAY CUANDO
te despiertas una mañana y descubres
que a tu lado está durmiendo un hombre
que no tienes ni idea de quién es.

SABES QUE ERES GAY CUANDO
te despiertas una mañana y descubres a tu mejor amigo durmiendo junto a ti... *¡por fin!*

Sabes que eres gay

darías cualquier cosa por ver *Eva al desnudo*
durante un vuelo agitado.

no te importa que la señora de la limpieza
encuentre tus revistas porno.

tu madre trata a tus gatos
como si fuesen sus nietos.

Antonio Banderas hace que se
te caigan las palomitas de maíz.

SABES QUE ERES GAY CUANDO
siempre eliges la mesa del restaurante
que está enfrente de un espejo.

SABES QUE ERES GAY CUANDO
rechazas un plato por tener
poca variedad y colorido.

SABES QUE ERES GAY CUANDO
sólo vas a los restaurantes que
tienen servilletas bordadas.

SABES QUE ERES GAY CUANDO
la iluminación de tu nevera
recuerda a la de la discoteca.

SABES QUE ERES GAY CUANDO
lo primero que salvarías en un incendio
es tu colección de ABBA.

Sabes que eres gay cuando en tu baño hay más

SABES QUE ERES GAY CUANDO
descubres que te encanta
imitar a Sara Montiel.

flamencos rosa que en el coto de Doñana.

SABES QUE ERES

las vacaciones de tus sueños consisten
en un recorrido por las mejores tiendas
de moda de Europa.

GAY CUANDO...

tu armario está ordenado alfabéticamente por el nombre del diseñador.

unos pechos más grandes y firmes
que los de tu hermana.

Sabes que eres gay cuando

una placa de matrícula para
tu *jeep* en la que se lea:

GAY-024

lo que sea, pero con borlas.

decides que has de tener...

un entrenador rubio y con apellido
francés en el gimnasio.

un anillo Cartier auténtico.

una ensaladera bien exótica en
tu colección de porcelana china.

Sabes que eres gay cuando lo primero que buscas...

en un ligue nuevo es ese punto prohibido que va más allá de los límites de la decencia.

en un nuevo lugar de trabajo es algún chico al que no le interese el fútbol.

cuando adquieres un nuevo ordenador es un informático que esté "bueno" para que te lo instale.

al comprar un coche nuevo es que
tenga la mayor cantidad de luces posible.

TE SIENTES **ORGULLOSO DE**

¡la ciudad es nuestra hasta
donde alcanza la vista!

SER GAY CUANDO...

piensas en la gran cantidad de personas
voluntarias que luchan contra el SIDA.

personajes famosos como Almodóvar,
k.d. lang, Elthon John o Martina Navratilova
contribuyen a hacer más visible nuestra causa.

te das cuenta de lo aburrido que habría sido
el mundo sin "nuestros" artistas, diseñadores,
bailarines, escritores o cineastas.

SABES QUE ERES GAY CUANDO
nuestros avances políticos te recuerdan a una lección de cha-cha-chá: un pasito adelante y otro atrás.

SABES QUE ERES GAY CUANDO
las obras de Wilde, Yourcenar, Leavit o Moix empiezan a desbancar a autores como Cela, Lapierre, Muñoz Molina o Pérez Reverte.

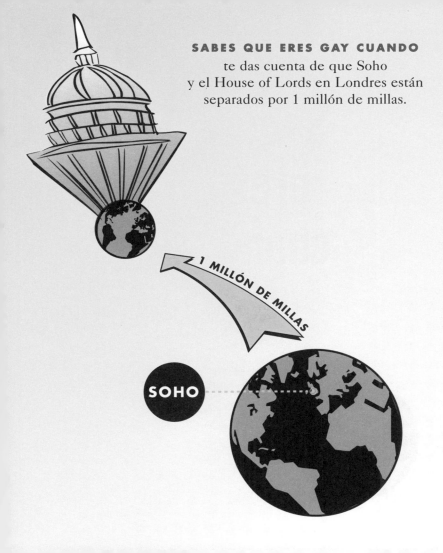

Sabes que eres gay cuando…

alguien te llama "marica" por primera vez.

te arrestan en una manifestación de Act Up.

votas con orgullo a un
miembro de la "familia".

SABES QUE ERES GAY CUANDO TIENES HORRIBLES PESADILLAS SOBRE...

Fraga Iribarne decorando la Moncloa
con cuadros de terciopelo negro.

un primer plano de Ricky Martin
enseñando el vello negro de sus patillas.

tropezarte de golpe con tu padre
en un bar de ambiente.

una crisis mundial de fabricantes de
lycra que te dejara sin existencias.

tus compañeros de oficina regalándote
para tu cumpleaños una enorme caja
de herramientas de mecánico.

la CIA poniendo micrófonos a todos
los calzoncillos Calvin Klein del mundo.

SABES QUE ERES GAY CUANDO
te haces pipí en los pantalones
antes de poder desabrochar
todos esos malditos botones.

Sabes que eres

tu neceser es más grande que
las maletas de los demás.

el "azafato" te hace sentirte en el cielo.

aquel adorable botones del hotel
de Amsterdam te *da* propina.

gay cuando...

el sastre se pasa horas tomándote
las medidas de la pernera.

un parisino te invita a probar
su "coq au vin".

SABRÁS QUE TODO EL ES GAY CUANDO...

Iberia inaugure la ruta
San Francisco-Sitges.

la Disney haga dibujos animados
de *Tom de Finlandia*.

cuando el Papa aparezca
con una mariconera.

MUNDO

Bollos calientes
Bollos de miel
Bollos de pasas
Bollos grandes
Bollos de fibra
Bollos de especias
Bollos de canela

LA REVISTA *LECTURAS* PUBLIQUE RECETAS ESPECIALES PARA CELEBRAR EL DÍA DEL ORGULLO GAY.

SABES QUE ERES GAY CUANDO
en el metro sientas un irrefrenable
deseo de lanzar un soplido a la nuca
del pasajero que tienes al lado.

SABES QUE ERES GAY CUANDO
descubres que las áreas de descanso de
las autopistas no son sólo para descansar.

 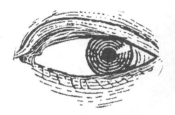

SABES QUE ERES GAY CUANDO
observas que las *construcciones* más
atractivas de Sitges no son de ladrillo.

SABES QUE ERES GAY CUANDO
la magnífica *obra* que te encontraste en el museo
de arte moderno termina en tu dormitorio.

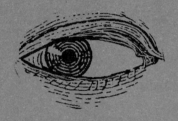
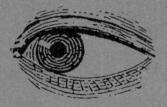

SABES QUE ERES GAY CUANDO
eres capaz de renunciar a tres ligues
de una noche por un abrazo tierno.

SABES QUE ERES GAY CUANDO...

A PESAR DE NO SABER FREÍR UN HUEVO

puedes hacer un exquisito
soufflé Grand Marnier.

A PESAR DE NO SABER TAPAR UN AGUJERO EN LA PARED

haces unos trabajos manuales
dignos de un museo.

A PESAR DE NO SABER REMAR

puedes animar la fiesta como nadie
en un crucero por el Caribe.

A PESAR DE NO SABER PLANTAR UNA TIENDA

puedes hacer los ramilletes
de flores silvestres más hermosos.

A PESAR DE NO SABER CONDUCIR DEMASIADO BIEN

te *atreves* a conducir alocadamente
por media Europa.

SABES QUE ERES GAY CUANDO
no te importa ver las veces que haga falta
Con faldas y a lo loco, *¿Qué fue de Baby Jane?*,
Victor o Victoria, *Priscilla, reina del desierto*...
aunque sea sin sonido.

SABES QUE ERES GAY CUANDO
en menos de 10 segundos eres capaz
de encontrar los mejores momentos
de Jeff Stryker en tu cinta de vídeo.

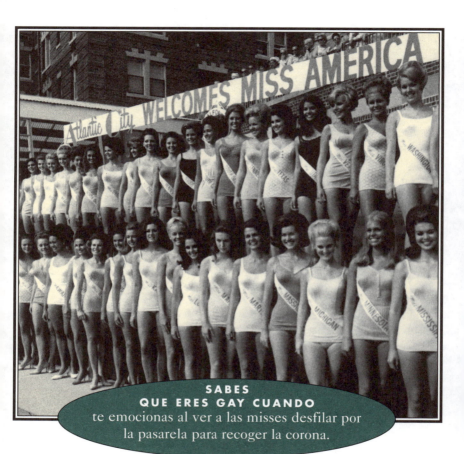

SABES QUE ERES GAY CUANDO
eres capaz de explicar el último cotilleo sobre
los gays famosos del cine y la televisión.

SABES QUE ERES GAY CUANDO
el representante de Lancôme te llama
para felicitarte por Navidad.

SABES QUE ERES GAY CUANDO
silbas el tema de un musical en la oficina
y ninguno de tus compañeros lo conoce.

al estar en clase sólo piensas en jugar a *strip poker* con ese compañero de clase tan "mono" que tienes delante.

Sabes que siempre serás gay cuando...

darías lo que fuese por que Brad Pitt
se mudara al piso de enfrente.

lo que más anhelas para tu quinceavo
cumpleaños es un robot de cocina
con muchos accesorios.

SABES QUE ERES GAY CUANDO
no permites que tu perrito vista
de un color que no sea negro.

SABES QUE ERES GAY CUANDO
en tu casa tienes un collar y una
correa... pero no tienes perro.

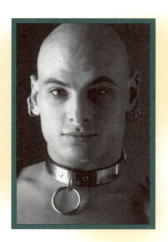

SABES QUE ERES GAY CUANDO
*al llegar el invierno prefieres
pillar una pulmonía antes
que dejarte crecer el pelo.*

SABES QUE ERES GAY CUANDO
*a la hermosa luz de la primavera todos
los tíos te parecen de lo más apetitoso.*

SABES QUE ERES GAY CUANDO
anhelas la llegada del verano para poder "jugar" en la arena... aunque luego, cuando más falta te hace, te encuentres sin toalla.

SABES QUE ERES GAY CUANDO
con el otoño, sientes añoranza de los macarrones del comedor de la escuela, de los momentos vividos en el vestuario del gimnasio del instituto, y del profesor de química, quien siempre encontraba la manera de acercarse a ti durante las prácticas de laboratorio.

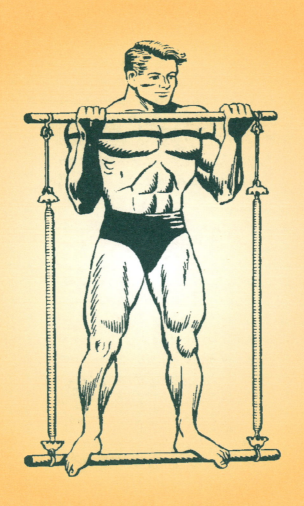

SABES QUE ERES GAY CUANDO
recibes más correo en el gimnasio
que en tu propio domicilio.

Sabes que no es un chollo ser gay cuando…

las organizaciones gay te atosigan pidiéndote
contribuciones económicas para la causa.

te empeñas hasta las cejas para ver
una actuación de Barbra Streisand.

tus padres todavía insisten en que tú
y tu amante ocupéis habitaciones
distintas cuando váis a visitarles.

compruebas que el horario de
las discotecas parecen estar pensados
para los señoritos que no trabajan.

te quedas dormido durante la llamada
al teléfono erótico y días más tarde
recibes una factura de 90.000 pesetas.

SABES QUE ERES GAY CUANDO
no te importa andar varios kilómetros para llegar a las calas más escondidas de la costa.

SABES QUE ERES GAY CUANDO
en tu bolsa de playa hay tantas cremas de protección solar, de diversos factores, que podrías dar una clase de aritmética.

SABES QUE ERES GAY CUANDO
los *best-sellers* del verano no pueden competir
con esa profusión de culitos morenos
y apretados que pueblan las playas.

SABES QUE ERES GAY CUANDO
admites que te encantaría que uno
de esos culitos fuera tuyo.

Sabes que eres
CUANDO...

te compras un bolso que hace
juego con la falda a cuadros.

escoges para tu e-mail
nombres como Lina o Susi.

no sabes quién ha ganado la liga de fútbol
y ni te importa lo más mínimo.

Tupperware te nombra
"el amo de casa del año".

MÁS QUE GAY

SABES QUE ERES GAY CUANDO
empiezas a hacer patinaje artístico después
de ver el espectáculo "Holiday on ice".

Sabes que eres gay cuando has estado fuera del armario más de la mitad de tu vida.

Sabes que eres gay cuando te das cuenta de que no volverías a meterte en el armario ni por todo el dinero del mundo.

NOS ENCANTA QUE NOS ESCRIBAN

Si has llegado hasta aquí, seguro que tú también has tenido experiencias que te han permitido *saber que eres gay*. ¿Por qué no nos envías algunas de ellas? Nuestro autor americano estará encantado de recibir tus mensajes. Su dirección electrónica:

E-MAIL: veryfresh@aol.com